Der kleine Engel Pico

Pico

und seine Freunde

Irina Weingartner

Illustriert von Sandra Siebert

Impressum:
© Karina-Verlag, Wien
www.karinaverlag.at
Text: Irina Weingartner
Illustrationen: Sandra Siebert
Layout, Textüberarbeitung: Bruno Moebius
Covergestaltung: Karina Moebius

© 2019, Karina Verlag, Vienna, Austria,
Auslieferung: NOVA MD www.novamd.de
ISBN: 978-3-96443-996-3

Der kleine Engel Pico

und seine Freunde

Irina Weingartner

Illustriert von

Sandra Siebert

Inhaltsverzeichnis

Der kleine Engel Elijah und die Aufmerksamkeit

„Um sich zu verstehen ... brauchen wir nicht mehr Worte,
sondern mehr Aufmerksamkeit."
[Rena Lessner, dt. Schriftstellerin, *1952]

Aufmerksamkeit! Ein spannendes Thema, überlegt der kleine Engel Elijah. Er weiß, dass man ohne Aufmerksamkeit die Vielfalt und Schönheit der Welt nicht erkennen kann. Aber wissen das auch die Menschen, fragt sich der kleine Engel und beginnt über die Aufmerksamkeit zu erzählen.

„Was ist Aufmerksamkeit? Aufmerksam sein heißt, deine Umgebung bewusst wahrzunehmen. Zu sehen, zu hören, zu riechen und zu fühlen. Alles rund um dich genau zu beobachten und zu entdecken. Jede noch so kleine Kleinigkeit verdient die ihr entsprechende Aufmerksamkeit.

Lass deine Augen schauen, genau dafür sind sie da. Sieh hin, wenn das erste Schneeglöckchen nach einem kalten Winter aus der Erde wächst. Beobachte das flinke Eichkätzchen, wenn es von Ast zu Ast springt, oder die fleißigen Bienen auf der Suche nach Nektar und staune, wenn du einen Regenbogen siehst. Jeder Augenblick lebt durch deine Aufmerksamkeit und wird durch sie zu einem besonderen Moment.

7

Lass deine Ohren hören, wie munter die Vögel zwitschern oder wie beruhigend die Regentropfen gegen das Fenster plätschern. Höre aufmerksam zu, wenn dir jemand eine Geschichte vorliest, und lass sie in deinem Kopf zu einem Abenteuer werden. Alles wird besonders, wenn du es aufmerksam wahrnimmst, hinhörst und hinsiehst.

Lass deine Nase riechen, deinen Gaumen schmecken und deine Finger spüren. Richte deine Aufmerksamkeit auch auf scheinbare Kleinigkeiten. Rieche den Duft einer Blume oder frischen Schnee, nasche eine reife Beere oder koste eine fremde Speise, streichle das weiche Fell eines kleinen Hundes oder reiche jemandem deine Hand. Freu dich über ein Lächeln, hüpfe in eine Regenlacke oder nimm das Funkeln der Sterne wahr. Das Leben hat so viel zu bieten. Je aufmerksamer du bist, desto bunter, fröhlicher und abwechslungsreicher wird es!"

Der kleine Engel Elijah weiß wie wichtig Aufmerksamkeit im Leben ist. Daher will er den Menschenkindern helfen, ihre Aufmerksamkeit zu schärfen und ihr Interesse wecken für all die vielen kleinen Geschenke, die sie Tag für Tag bekommen.

Der kleine Engel Milo und die Aufrichtigkeit

„Nicht viel, sondern wahr soll man reden."
[Demokrit, griech. Naturphilosoph, *460, † 370 v. Chr.]

Der Engel Milo sitzt an einen alten Baum gelehnt am Ufer eines kleinen Baches. Er lässt seinen Blick schweifen, lauscht dem melodischen Vogelgezwitscher und spürt die Sonnenstrahlen auf seinem Gesicht. Während er diese kleine Pause in vollen Zügen genießt, denkt er über die Aufrichtigkeit nach.

„Ach, es ist einfach traumhaft hier! So ruhig und gleichzeitig so kraftvoll. Ein wunderbarer Platz, um euch über die Aufrichtigkeit zu erzählen. Was bedeutet das Wort Aufrichtigkeit? Es bedeutet Wahrheitsliebe, Offenheit und Ehrlichkeit.

Aufrichtigkeit ist eine ganz wesentliche Charaktereigenschaft. Denn bist du aufrichtig, bist du ganz du selbst. Das heißt, du kennst deine Stärken und Schwächen und stehst zu ihnen. Du bist ehrlich deinen Mitmenschen gegenüber, aber auch ehrlich zu dir selbst. Aufrichtige Menschen strahlen Offenherzigkeit, Kraft und Vertrauen aus.

Du weißt bestimmt, wie unangenehm es ist, wenn du von einem Freund belogen oder getäuscht wirst. Das wünscht sich niemand. Daher ist es ganz wichtig, den anderen gegenüber immer ehrlich und aufrichtig zu sein. Dann zeigst du wahre Größe und Haltung. Diese Aufrichtigkeit ist nicht nur für dein Gegenüber wichtig, sondern auch für dich selbst.

Als aufrichtiger Mensch musst du dich nicht verstellen, brauchst dich nicht zu verbiegen, sondern kannst dir jederzeit im Spiegel in die Augen schauen. Das gibt einem schon ein gutes Gefühl. Aufrichtigkeit kommt – im Gegensatz zu Schwindel, Betrug und Lügen - ganz ohne schlechtes Gewissen aus.

Aufrichtigkeit ist ein Zeichen von Respekt. Aufrichtigkeit verlangt aber auch Mut, stärkt dabei jeden Einzelnen und sorgt für Klarheit. Wer aufrichtig ist, fühlt sich lebendig. Und das kann man sehen und spüren. Würde sich jeder Einzelne bemühen, ehrlich und aufrichtig zu sein und zu seinen Worten und Taten stehen, dann könnte das die Welt bedeutend verändern."

Der kleine Engel Milo würde am liebsten noch Stunden hier in dieser Idylle verbringen. Er weiß aber, dass er sich langsam wieder auf den Weg machen muss, um den Menschenkindern zur Seite zu stehen. Er will ihnen helfen, aufrichtig und ehrlich durchs Leben zu gehen.

Der kleine Engel Nani und die Dankbarkeit

„Danken ist eine Liebeserklärung an das Leben."
[Irina Rauthman, dt. Lyrikerin, *1958]

Der kleine Engel Nani hat sich eingehend mit dem Thema Dankbarkeit beschäftigt. Eine großartige Eigenschaft, wie er meint. Kann man die Dankbarkeit als Eigenschaft bezeichnen? Oder ist es eine Gabe, ein Talent, vielleicht sogar ein Segen? Auf jeden Fall ist Dankbarkeit eine wichtige Gefühlsregung, davon ist Nani überzeugt.

„Du kannst für so vieles dankbar sein: für jeden neuen Tag, für jeden Sonnenstrahl, für jeden Regentropfen, für alles, was die Natur geschaffen hat. Für deine Eltern, deine Familie und für deine Freunde, die immer für dich da sind. Dankbarkeit erfüllt mit Zuversicht.

Ich will euch überzeugen, dass Dankbarkeit eine sehr einfache, aber wirkungsvolle Geste ist, die das Zusammenleben leichter macht. Wenn deine Freundin dir bei den Hausaufgaben hilft oder deine Mama dir dein Essen kocht, sag Danke zu ihr. Wenn die Vögel draußen zwitschern oder deine Katze mit dir spielt, sei dankbar dafür. Überlasse älteren Menschen in der Straßenbahn deinen Sitzplatz, halte jemandem die Tür auf, unterstütze deine kleineren Geschwister oder hilf Fremden sich zurechtzufinden, sie alle werden dir dafür dankbar sein.

Die Menschen haben Stärken und Schwächen, Begabungen und Talente. Alles Geschenke des Lebens, für die man dankbar sein soll. Nutze deine Talente, sei stolz auf deine Schwächen und sei dankbar für deine Stärken und Begabungen. Sie machen dich zu dem, der du bist. Wer dankbar ist, der sieht die Sonne hinter den Wolken, sieht die Blumenwiese im Winter und freut sich auch über Kleinigkeiten.

Beginne den Morgen mit einem einfachen Dankeschön, lasse den Tag dankbar ausklingen! Eine freundliche Geste, ein nettes Wort, ein kleines Lächeln, all das erzeugt Dankbarkeit bei dem, der gibt, und bei dem, der empfängt. Alles scheinbare Kleinigkeiten ohne viel Aufwand, doch sehr wirkungsvoll."

Der kleine Engel Nani freut sich über jede kleine Geste der Dankbarkeit. Er weiß, dass dankbare Menschen mehr Freude empfinden und weniger Sorgen haben. Sie sind entspannter, zufriedener und glücklicher. Ihr Leben ist vielfältiger und bunter. Das wünscht sich Nani für alle Menschenkinder.

Der kleine Engel Joel und die Freude

Der kleine Engel Joel fliegt von Wolke zu Wolke und freut sich über die lustigen Formen und Figuren, die der Wind aus ihnen zaubert. Mal reitet er auf einem großen Tier, mal tanzt er auf einer Blume, mal sitzt er auf einem Stern und mal taucht er einfach durch ein luftiges Etwas. Aber ganz gleich, was es ist. Der kleine Engel freut sich über die Schönheit der Wolkengebilde und jauchzt vor Freude.

„Vor Freude Luftsprünge zu machen, vor Begeisterung die Welt umarmen zu wollen oder aus Vorfreude auf etwas nächtelang nicht schlafen zu können: Das kennst du bestimmt und findest es großartig. So fühlen wir, wenn uns jemand oder etwas Freude bereitet.

Um Freude zu haben, braucht es oft nicht viel. Manchmal reicht es, wenn du die Augen offen hältst und dich an dem erfreust, was dir der Tag Schönes bringt. Wenn du in der Natur herumtollst, mit deinen Freundinnen spielst, mit ihnen Scherze machst oder einfach nur plauderst, fühlt sich das fantastisch an. Es macht dir Freude und du kannst sie spüren. Bestimmt hörst du es gerne und freust dich darüber, wenn dir jemand ein

Kompliment macht oder dich lobt. Freude kann so vielfältig sein. Lass sie zu und erfreue dich daran.

Mir macht es große Freude, wenn ich Menschen sehe, die sich begeistern können. Für die Schönheit der Welt, aber auch für die Kleinigkeiten des Alltags. Bestimmt weißt du auch, wie schön es sich anfühlt, wenn du jemand anderem eine Freude machst. Es muss sich dabei um keine großen Sachen handeln, sondern können kleine Aufmerksamkeiten sein, wie ein selbstgepflückter Blumenstrauß, ein nettes Wort oder ein verständnisvoller Blick. Die Absicht, dem anderen eine Freude bereiten zu wollen, zählt.

Eine ganz besondere Form der Freude ist die Lebensfreude. Sie bedeutet, dass du dich am Leben erfreust, Spaß hast an dem, was du tust. Dies ist ganz wichtig für die Menschen. Denn wer die Freude im Leben sucht, fühlt sich besser, stärker und ist gesünder."

Der kleine Engel Joel weiß, dass jeder Mensch Freude empfinden und Freude schenken kann. Deshalb will er den Menschen die Augen öffnen und sie lehren, dass man gerade mit Kleinigkeiten Freude bereiten und so ein Lächeln in die Gesichter zaubern kann. Das macht auch ihm wiederum Freude.

Der kleine Engel Loris und die Haltung

„An der Haltung erkennst Du die Stärke eines Menschen."
[Katharina Eisenlöffel, österr. Aphoristikerin, *1932]

Der kleine Engel Loris weiß, dass Haltung zu zeigen wenig mit aufrechtem Gang, sondern mehr mit aufrichtiger Lebensweise zu tun hat. Er wünscht sich, dass die Menschen für ihr Leben und ihre Taten einstehen und Verantwortung für die Konsequenzen übernehmen. Ein anständiges Leben zu führen ist immer eine Frage der Haltung.

„Haltung zu haben heißt, dass du dich für dich und für andere einsetzt, dich gegen Ungerechtigkeiten wehrst, Lügen aufdeckst und die Wahrheit suchst. Wenn ich einem Menschen mit Rückgrat begegne, der Haltung bezieht, möchte ich ihn umarmen. Eine Umarmung als Dank für seine hilfreiche Unterstützung und für seinen lobenswerten Einsatz.

Haltung zu haben heißt auch unangepasst sein – im positiven Sinn. Das erfordert deinen persönlichen Einsatz. So kannst du dich für Fairness einsetzen, für Respekt und Toleranz, für Gerechtigkeit und gegen die Zerstörung der Umwelt. Da jede Handlung Folgen hat, können die Menschen mit ihrem Tun vieles verändern. Positiv wie negativ.

Wichtig ist auch eine positive Haltung dir selbst gegenüber. Jeder soll für seine Taten Stellung beziehen, aber auch für seine Wünsche und Träume einstehen. Um die Welt zu verbessern, braucht es Menschenkinder, die neue Ideen entwickeln und neue Wege gehen. Dazu brauchst du viel Mut und Begeisterung, denn dies ist lange nicht so bequem, wie im Strom mitzuschwimmen oder in der Masse unterzutauchen. Aber glaube mir, es zahlt sich aus!

Es gibt auf der Welt viele Menschen, die sich für die Schwächeren einsetzen, indem sie versuchen, sie zu unterstützen und ihnen zu helfen. Dieser Einsatz ist wichtig für euch alle und hat Vorbildwirkung. Werde auch du ein Vorbild und zeige Haltung, indem du dich im Rahmen deiner Möglichkeiten für andere einsetzt!"

Der kleine Engel Loris weiß, dass eine mitfühlende Haltung, die Bereitschaft zu helfen und der stete Einsatz füreinander das eigene Leben ungemein bereichern und das Zusammenleben unglaublich verbessern können. Daher wünscht sich Loris, dass die Menschen zu einer aufrichtigen Haltung finden. Vielleicht würden dann so manche Rückenschmerzen von alleine verschwinden...

Der kleine Engel Mikka und die Heiterkeit

„Heiterkeit verhindert Streit.“
[Alfred Selacher, schweiz. Lebenskünstler, * 1945]

Mikka, der kleine Engel der Heiterkeit, hat eine ganz besondere Ausstrahlung. Lebensfroh und heiter wie die Sonne. Dank seinem Frohsinn und seiner positiven Sicht vertreibt er jeden Trübsinn. Seine Freude überstrahlt alles Dunkle, so dass Heiterkeit und Leichtigkeit allgegenwärtig sind.

„Heiterkeit, Frohsinn, lustig sein, du kannst es nennen, wie du willst. Ein sonniges Gemüt sorgt für Fröhlichkeit, bringt Helligkeit und Lebensmut in dein Leben. Durch dein Lachen vertreibst du Kummer und graue Wolken von ganz alleine.

Heitere Menschenkinder bringen andere zum Lachen, verbreiten gute Laune und können Wut und Zorn nicht ausstehen. Sie haben eine positive Lebenseinstellung, die ihnen hilft, Ängste zu vertreiben. Das heißt aber nicht, dass heitere Menschen das Leben nicht ernst nehmen. Sie haben bloß eine andere Sicht auf die Welt und können mit Problemen und Sorgen besser umgehen. Natürlich ist nicht immer alles im Leben lustig, aber es lohnt sich, auf die positiven Dinge zu achten.

Musstest du schon einmal vor Lachen weinen, hattest du schon einmal einen Lachkrampf oder musstest du dir vor Lachen den Bauch halten, dann weißt du bestimmt, wie befreiend und schön Lachen sein kann. Ein kleiner Scherz am Rande, ein lustiger Witz zwischendurch oder einfach mit Freunden gemeinsam Spaß haben. All das heitert euch auf und macht euch glücklich. Probiert es aus, seid freundlich, herzlich, neugierig und aufgeschlossen und ihr werdet mit der Sonne um die Wette strahlen.

Ein einfaches Lächeln, eine nette Geste oder ein aufmunterndes Wort können Wunder wirken. Versuche es einfach. Wie die Sonnenstrahlen durch die Wolken dringen können, so kann sich deine Heiterkeit Schritt für Schritt unter den Menschen verbreiten. Das Strahlen eines heiteren Kindes ist Beweis dafür, dass sich Frohsinn, Fröhlichkeit und Spaß im Leben auszahlen."

Der kleine Engel Mikka versucht, seine positive Kraft auf die Erde zu schicken, damit sich dort ein kraftvolles Strahlen verbreiten und den Menschen zu mehr Freude verhelfen kann. Denn wer von Grund auf heiter ist, ist nicht nur glücklicher, sondern findet bei Streit und Rangeleien schneller einen Ausweg.

Der kleine Engel Pico und die Liebe

„Lächeln erzeugt Lächeln. Genauso, wie Liebe Liebe erzeugt.“
[Mutter Teresa, Heilige Teresa von Kalkutta, *1910, †1997]

Liebe ist das wichtigste und stärkste Gefühl im ganzen Universum. Liebe verbindet, Liebe verzaubert, Liebe öffnet die Herzen, Liebe macht glücklich und Liebe heilt. Der kleine Engel Pico ist beflügelt von der Liebe, die ihn durchströmt. Die Liebe zu seinen Engelfreunden, die Liebe zur Welt, die Liebe zu den Tieren, zu den Menschenkindern und auch zu sich selbst.

„Ich weiß wie viel Liebe ich geben kann und dass die Liebe wieder zu mir zurückkehrt und mich erfüllt. Genau darin liegt auch meine Aufgabe. Die Liebe zu den Menschen zu schicken und sie damit zu verzaubern. Ich will, dass sie wissen, dass einzig ein Leben in Liebe glücklich macht.

Die Liebe zwischen dir und deinen Eltern, deiner Familie und zwischen dir und deinen Freunden ist etwas ganz Großartiges. Sie stützt dich, sie stärkt dich und sie macht dich glücklich. Du kannst auch dein Haustier, deine Hobbys oder Spielsachen lieben, alles was du gerne magst, was dir Spaß macht und was dir gut tut. Jemand anderem helfen, die Natur genießen oder einfach mal nichts tun, all das soll dir Freude bereiten und dich mit Liebe erfüllen.

Zu lieben heißt aber auch, dich selbst und jeden anderen so anzunehmen, wie er ist. Ganz gleich woher jemand kommt, wie er aussieht oder was er macht. Versuche deine Klassenkameraden, deine Freunde, aber auch Fremde nicht zu bewerten oder über sie zu urteilen, sonst engst du dich in deinen Gedanken und Gefühlen ein. Wenn du versuchst, in die Herzen der Menschen zu schauen, wirst du Offenheit, Freude und Herzlichkeit finden. Dann ist Liebe gegenwärtig und überwindet alle Grenzen.

Ein Leben in Gemeinschaft erfordert Rücksicht und Toleranz. In jeder Beziehung, ob zwischen Freunden, in der Familie oder in der Schule, sollen sich Geben und Nehmen die Waage halten, soll Vergeben vor Verraten kommen und gegenseitiges Unterstützen Freude bereiten. Du wirst sehen, wenn du dich bemühst, Streit und Rangeleien zu vermeiden, werden nicht nur die Erwachsenen auf dich stolz sein, sondern du wirst die positiven Veränderungen in deinem Umfeld und bei dir selbst spüren."

Der kleine Engel Pico weiß, dass Liebe das größte Geschenk ist. Sie zu geben, aber auch zu bekommen. Er ist davon überzeugt, dass die Liebe unter den Menschen stärker ist als das Böse und dass sie eines Tages die Menschen auf der ganzen Welt mit ihrer positiven Kraft verbinden wird.

Der kleine Engel Mauro und das Mitgefühl

„Mitgefühl ist das Verständnis des Herzens."
[Helga Schäferling, dt. Sozialpädagogin, *1957]

Mauro ist ein feinfühliger und sensibler kleiner Engel mit der besonderen Fähigkeit, sich in alles und jeden hineinversetzen zu können. Er hat die Gabe, Gefühle und Stimmungen sofort wahrzunehmen und zu verstehen. Seine Engelfreunde lieben und schätzen ihn dafür. Egal wie es den anderen Engeln geht – Mauro fühlt mit ihnen.

„Du weißt bestimmt, wie es sich anfühlt, wenn sich jemand für dich und deine Gefühle interessiert. Wenn das passiert, zeigt man dir gegenüber Mitgefühl. Durch dieses Mitgefühl kann man vieles leichter und besser verstehen – die Freunde, die Erwachsenen, aber genauso auch die Tiere und die Umwelt. Mitgefühl ist für jeden wichtig.

Der Versuch, sich in jemand anderen hineinzuversetzen und sich zu fragen, wie würde es mir in dieser Situation gehen, ist der erste Schritt. Was würde ich mir an seiner Stelle wünschen? Was würde mir helfen? Anteil nehmen am Leben des anderen und zeigen, dass einem die anderen nicht egal sind – das ist Mitgefühl. Mit dieser Haltung lässt sich viel Streit verhindern. Denn Mitgefühl ist eine ganz große Kraft gegen Angst, Neid und Missgunst.

Mitgefühl zu zeigen sorgt für jede Menge Verständnis und dafür sollt ihr euch einsetzen. Denn jeder Mensch hat Stärken und Schwächen und freut sich über ehrliche Anteilnahme, Unterstützung und Hilfe. Gerade wenn es Menschen schlechter geht als dir, ist Mitgefühl wichtig, um ihre Lage besser verstehen zu können. So fällt es dir auch leichter, anderen zu helfen.

Ich weiß von mir selbst, dass Mitgefühl das Herz öffnet. Es ist ein wirkungsvolles und großartiges Gefühl, um Gutes zu tun. Es vermittelt Energie, Kraft und Glück. Ich finde es auch unglaublich wichtig, Tieren und Pflanzen und dem Planeten Erde gegenüber Mitgefühl zu haben – und natürlich auch für dich selbst. Probiere es aus, du wirst die Veränderung spüren."

Der kleine Engel Mauro hat viele Verbündete auf der Erde. Dennoch gibt es bestimmte Gegenden auf der Welt, in denen scheint jedes Mitgefühl verloren gegangen zu sein. Dabei ist gerade dieses Mitgefühl so wichtig für ein funktionierendes Miteinander und genau dafür wird sich Mauro weiterhin einsetzen.

Der kleine Engel Junis und der Mut

„Angst baut Mauern – Mut reißt sie ein."
[Lilli U. Kreßner, dt. Schriftstellerin, *1957]

Der kleine Engel Junis segelt mit ausgebreiteten Flügeln über die Wolken. Mutig lässt er sich vom Wind tragen. Dieser pustet ihn hoch und lässt ihn durch die Lüfte wirbeln. So erlebt er die aufregendsten Flüge. Unerschrocken macht sich Junis bald wieder auf, den Mut bei den Menschenkindern zu wecken.

„Vielleicht glaubst du, du müsstest erst Heldentaten vollbringen, um dich als mutig bezeichnen zu können. Keineswegs. Mutig sein bedeutet, dass du zu dir selbst stehst, zu dem was du sagst und zu dem was du tust. Wenn du das kannst, kannst du dich auch mutig für andere einsetzen. Wenn etwas Unrechtes geschieht, wenn jemand schlecht behandelt wird oder jemand Hilfe braucht. Ganz egal ob Mensch, Tier oder unsere Umwelt.

Mutigen Menschen fällt es leichter, Entscheidungen zu treffen, sie trauen sich öfter, etwas Neues auszuprobieren. Natürlich kann es auch passieren, dass du eine falsche Entscheidung triffst. Dann ist es wichtig, dir den Fehler einzugestehen und wieder von vorne zu beginnen. Doch auch dieser Mut lohnt sich, denn ohne ihn wüsstest du nicht, ob die Entscheidung richtig oder falsch war. Einzig aus Übermut solltest du nicht handeln, denn übermütige Handlungen haben selten mit Mut zu tun. Ganz im Gegenteil.

Mut bedeutet auch, dass du die eigenen Fehler, die du gemacht hast, zugibst. Wer das kann, der kann aus seinen Fehlern lernen und daran wachsen. Wenn du mutig durchs Leben gehst, wird es aufregender und vielfältiger. So kannst du später leichter deine eigenen Entscheidungen treffen und dein Leben so führen, wie du es gerne möchtest.

Mutig sein heißt auch, sich für andere einzusetzen. Wenn du Unrecht erkennst, dies anzusprechen, dich um die Schwächeren zu kümmern und immer die Wahrheit zu suchen – das alles erfordert Mut. Nur so kann die Welt ein Stück besser werden.

Setze dich aktiv für die Menschen, für die Tiere und für die Umwelt ein. Du wirst sehen, wer diesen Weg geht, dem wachsen Flügel. Versuche es einfach."

Mut zu zeigen, Mut zu stärken und Mut zu beobachten, all das freut den kleinen Engel Junis. So verliert auch er nie den Mut, dass die Menschen nach und nach mutiger werden und gemeinsam für ein gerechtes und lebenswertes Leben auf der Erde einstehen.

Der kleine Engel Jasper und die Nächstenliebe

„Gegen Haß und Neid gibt es einen Impfstoff.
Er heißt Nächstenliebe."
[Stefan Wittlin, schweiz. Tierpsychologe, *1961]

Der kleine Engel Jasper fliegt mit offenen Armen durch die Lüfte und schickt seine Liebe in die Welt. Es macht ihm große Freude, denn Jasper weiß, dass die Liebe zum Nächsten unglaublich wichtig ist. Es ist ja nicht so, dass die Menschen das nicht auch wüssten, doch scheinen sie es immer wieder zu vergessen.

„Liebe ist unverzichtbar für jeden Einzelnen. Ohne Liebe gäbe es kein Leben. So ist es doch einleuchtend, dass jeder darauf achtet, Liebe zu geben, aber genauso, Liebe zu bekommen. Ohne großen Aufwand, denn je mehr Liebe du gibst, desto mehr Liebe kommt zu dir zurück.

Nächstenliebe bedeutet, dass du dich für deine Mitmenschen interessierst, sie unterstützt und ihnen hilfst, wenn es notwendig ist, ganz gleich ob du sie kennst oder nicht. Nächstenliebe heißt auch, das Glück eines anderen zu achten und zu fördern. Es ist doch viel schöner, wenn du dich am Glück und Erfolg des anderen erfreust, anstatt ihn darum zu beneiden oder es ihm gar nicht zu gönnen.

Woran liegt es, dass Nächstenliebe kaum mehr zu spüren ist? Was sind die Gründe dafür, dass die Menschen einander nicht mehr helfen und unterstützen? Durch ein bisschen Nächstenliebe kann man das Leid der anderen lindern. Nächstenliebe ist ein verlässliches Mittel gegen Angst und Neid, gegen Streit und Krieg.

Nächstenliebe öffnet dein Herz und lässt dich von innen strahlen. Sie ist unglaublich wichtig für das Zusammenleben. Wenn jeder einen Schritt auf den anderen zugeht, wird der Abstand zwischen euch kleiner und die Chance, einander besser kennenzulernen, größer. Dann wird Nächstenliebe ganz selbstverständlich, denn sie ist ein Zeichen von Herzenswärme, kostet nichts, sondern sorgt dafür, dass du dich gut fühlst und Freude und Herzlichkeit empfindest. Denn ganz ehrlich – wer will in einer Welt voller Neid, Zank und Streit leben? Ich bin mir sicher, dass eine Welt voller Nächstenliebe, Mitgefühl und Verständnis unser aller Ziel ist."

Der kleine Engel Jasper wünscht sich, dass die Menschen ihre Herzen öffnen, damit die Nächstenliebe wie ein Funke von einem zum anderen überspringt und die Welt lebenswerter macht.

Der kleine Engel Yannick und der Respekt

„Gewalt endet dort, wo Respekt beginnt."
[Unbekannt]

Der kleine Engel Yannick kommt kaum zur Ruhe. Ständig ist er unterwegs, um sich gegen die zunehmende Respektlosigkeit unter den Menschen einzusetzen. Er will ihnen vermitteln, wie wichtig gegenseitiger Respekt ist. Ohne Wertschätzung, Aufmerksamkeit und Achtung gegenüber anderen – ob Mensch, Tier oder Umwelt – kann keiner überleben.

„Was du nicht willst, dass man dir tu', das füg' auch keinem andren zu. Ein ganz einfacher Satz mit einer ganz großen Wirkung. Das bedeutet, dass du dich gegenüber deiner Familie, deinen Freunden, aber auch gegenüber den Erwachsenen so verhalten sollst, wie du erwartest, dass sie sich gegenüber dir verhalten sollen.

Doch leider muss ich mitansehen, wie die Menschenkinder immer respektloser werden. Respektlos im Umgang mit ihren Mitmenschen, indem sie streiten, einander anlügen oder bekriegen. Respektlos im Umgang mit der Natur, indem sie sie statt zu schützen, verschmutzen und ausbeuten. Respektlos gegenüber den Tieren, indem sie sie nicht achten, sondern quälen. Dabei ist Respekt aber so wichtig für das Leben auf der Erde.

Wenn du jemanden achtest und wertschätzt, so wie er ist, ohne zu werten und ohne zu urteilen, dann respektierst du ihn. Da die Menschen in verschiedenen Ländern mit unterschiedlichen Kulturen leben, gibt es einen bunten Mix an Menschenkindern, der Vielfalt in euer Leben bringt. Wie du bestimmt weißt, ist es interessant, Menschen aus anderen Kulturen kennenzulernen – ihr Land, ihre Sprache oder ihre Küche. Überall gibt es Unterschiede, die reizvoll sind, die man aber auch respektieren muss.

Versuche deinem Gegenüber nicht zu schaden, wenn auch du nicht willst, dass dir jemand Schaden zufügt. Sei wertschätzend, fürsorglich und aufgeschlossen, zeige Mitgefühl und Achtung. Jeder Einzelne kann seinen Beitrag leisten, indem man Mensch, Tier und der Umwelt respektvoll begegnet."

Yannick wünscht sich, dass die Menschen mit offenen Augen durch die Welt gehen. Sich aktiv für ein respektvolles Miteinander einsetzen, das geprägt ist von Mitgefühl, Vertrauen und Verständnis. Um die Menschen dabei zu unterstützen, wird ihnen der kleine Engel als liebevoller Begleiter zur Seite stehen.

Der kleine Engel Ruben und die Toleranz

„Intoleranz – der Anfang des Krieges.
Der Anfang des Friedens – Toleranz. "
[Alfred Selacher, schweiz. Lebenskünstler, *1945]

Der kleine Engel Ruben hat sich betrübt und enttäuscht auf seine Wolke zurückgezogen. Er musste wieder mitansehen, wie die Menschen getrieben von Neid, Wut und Zorn durch ihr Leben rasen. Ohne jedes Mitgefühl, ohne Fürsorge und vor allem ohne jegliche Form von Toleranz.

„Ich frage mich oft, warum sich die Menschen das Miteinander so schwer machen. Gerade oder weil das Leben so vielfältig ist, ist es spannend, interessant und aufregend. Statt sich daran zu erfreuen, verlieren sie sich in Rechthaberei und Intoleranz.

Doch gerade Toleranz ist eine der grundlegenden Voraussetzungen für die Gesellschaft – in deiner Familie, in deiner Klasse, unter deinen Freunden und unter den Erwachsenen. Nur wenn du den anderen so annimmst, wie er ist und ihn so leben lässt, wie dieser will, kannst auch du das von den anderen erwarten.

Leben und leben lassen - für mich und meine Engelfreunde ist das selbstverständlich. Schließlich sind alle Menschenkinder auf der Erde gleich viel wert und haben die gleichen Rechte, ganz egal wo du geboren bist, welche Hautfarbe du hast, ob du ein Mädchen oder ein Bub bist. Sieh dich einmal in deinem Freundeskreis um und betrachte die vielen interessanten Unterschiede: Die eine ist gut in Mathe, der andere in Musik, wieder ein anderer ist besser im Sport. Manche sprechen eine andere Sprache, manche haben blonde Haare, manche haben dunkle Haare. Aber das macht es doch gerade aus, oder nicht?

Wie aber lernt man Toleranz? Geht mit offenen Augen durch die Welt, interessiert euch für eure Mitmenschen, hört ihnen zu, erzählt ihnen eure Geschichte. Bleibt neugierig, wissbegierig und aufgeschlossen, auch als Erwachsene. Vergesst nie, euch in den anderen hineinzudenken, ehe ihr euch eine vorschnelle Meinung bildet. Bleibt wachsam und nehmt Rücksicht auf die anderen Menschenkinder, auf alle anderen Lebewesen und natürlich auch auf euch selbst, dann kommt die Toleranz von ganz alleine."

Gerade weil die Menschen aus unterschiedlichen Ländern kommen und verschiedenen Kulturkreisen angehören, können sie viel voneinander lernen, ihren Horizont erweitern und sich dadurch weiterentwickeln. Dafür braucht es Offenheit. Der kleine Engel Ruben weiß, dass die wahren Grenzen zuerst im Kopf entstehen, und genau dort müssen sie auch überwunden werden.

Der kleine Engel Iker und die Verantwortung

„Die Verantwortung jedes Einzelnen für die ganze Menschheit
betrachte ich als universelle Religion."
[Dalai Lama, eigentlich Tenzin Gyatso, 14. geistiges und politisches
Oberhaupt der Tibeter, *1935]

Der kleine Engel Iker weiß um seine Verantwortung, das Verantwortungsbewusstsein unter den Menschen zu schärfen. Kein leichtes Vorhaben! Verantwortung hat aber nicht nur mit Verpflichtung zu tun, sondern bringt auch ein großes Stück Freiheit mit sich. Daher fühlt sich Iker in seiner Rolle als Hüter der Verantwortung auch so wohl.

„Ist es nicht großartig, dass du an jeder einzelnen Handlung siehst, welche Folgen sie auslöst? Machst du deiner Freundin ein Kompliment, freut sie sich und lächelt. Beleidigst du deine Freundin, kränkt sie sich. Du hast es in der Hand, was du tust. Aber gleichzeitig musst du mit den Folgen rechnen und dafür Verantwortung übernehmen.

Es liegt also in deiner Entscheidung, in deiner Verantwortung. Selbstverständlich geht es nicht nur darum, dass du frei entscheiden kannst, sondern auch darum, dich richtig zu entscheiden und Haltung zu zeigen.

Du sollst aber nicht nur Verantwortung für dich selbst übernehmen, sondern auch für deine Mitmenschen und für die Umwelt. Gehe offen, respektvoll, mitfühlend und verständnisvoll mit deinen Mitmenschen um, achte auf die Umwelt, indem du nicht gedankenlos Müll produzierst, nicht maßlos Dinge kaufst, die du nicht brauchst, und nicht unnötige Tierquälereien in Kauf nimmst. Nur so wird die Welt auch für die nächsten Generationen – für deine Kinder und Enkelkinder – als lebenswerter Planet erhalten bleiben.

Oft muss ich jedoch beobachten, dass die Menschen die Verantwortung auf andere abwälzen, statt selbst für ihr Handeln einzustehen. Sie fühlen sich dann für die weiteren Folgen nicht zuständig, weil sie die anderen dafür verantwortlich machen. Das ist sehr schade, denn Verantwortung übernehmen bedeutet auch, dass man sich frei entscheiden kann, und das ist großartig!"

Der kleine Engel Iker wünscht sich, dass die Menschen sich dessen bewusst sind, dass jede ihrer Handlungen Folgen hat und dass sie durch ihr Handeln entscheiden können, ob die Folgen positive oder negative Auswirkungen haben. Das bedeutet für Iker Verantwortung – und zwar für einen selbst, die Mitmenschen, die Tiere und die Umwelt!

Der kleine Engel Tristan und das Verständnis

„Nur die Liebe bringt uns Verständnis bei."
[Richard Wagner, dt. Komponist, *1813, †1883]

Der kleine Engel Tristan hat die Aufgabe, das Verständnis unter den Menschen zu fördern. Keine leichte Aufgabe, darum hat er auch Verständnis dafür, dass das nicht von heute auf morgen gelingen kann. Er weiß aber, dass es in naher Zukunft gelingen muss, damit das Zusammenleben der Menschen funktioniert.

„Ich weiß, dass es nicht immer leicht ist, Verständnis aufzubringen. Versuchen solltest du es aber auf jeden Fall. Hilfreich dabei ist, dich in den anderen hineinzuversetzen und herauszufinden, warum er oder sie so denkt oder handelt. Zusätzlich hilft es zu überlegen, was du an seiner Stelle tun würdest und von deinem Gegenüber erwartest. Ganz gleich was man tut, man möchte verstanden werden.

Selbstverständlich heißt das nicht, dass du alles und jeden verstehen musst. Es gibt Dinge auf der Welt, die gegen Gesetze und Rechte verstoßen. Wenn Menschen verletzt werden, Tiere getötet oder die Natur zerstört wird, ist Verständnis fehl am Platz. Im Gegenteil. Hier muss man aufstehen und lautstark sein Unverständnis kundtun und sich gegen diese Ungerechtigkeiten einsetzen.

Wenn du Verständnis aufbringst, gehst du offen und wertfrei durch die Welt. Du lässt dich nicht von Vorurteilen leiten, räumst mögliche Zweifel aus dem Weg und hörst auf dein Gefühl. Dann kommen Herzlichkeit, Toleranz und Mitgefühl ganz von selbst. Unverständnis und sich unverstanden zu fühlen führt wiederum zu Spannungen, sorgt für Ängste und treibt einen Keil zwischen die Menschen.

Gegenseitiges Verständnis beginnt im kleinsten Kreis, in deiner Familie, unter deinen Freunden, in der Schule. Jeder kleine Schritt, den du auf den anderen zugehst, ist ein großer Beitrag für ein gutes Miteinander. Wenn die Menschen sich verstanden fühlen, gibt ihnen das Halt und Sicherheit – beides sind gute Voraussetzungen für mehr Nähe und Verbundenheit untereinander."

Der kleine Engel Tristan wünscht sich, dass die Menschenkinder beginnen, sich gewissenhaft mit sich selbst, aber auch mit ihrer Umwelt auseinanderzusetzen. Dann fiele es ihnen leichter zu erkennen, wofür sie Verständnis aufbringen sollten und wofür nicht. Um dies zu lernen, hilft ihnen der kleine Engel Tristan, dass sie zukünftig besser hinhören, hinsehen und hineinspüren.

Der kleine Engel Henry und das Vertrauen

„Wer Vertrauen hat, erlebt jeden Tag Wunder."
[Peter Rosegger, österr. Volksschriftsteller, *1843, †1918]

Der kleine Engel Henry schwingt hoch auf seiner Schaukel und sieht voller Glückseligkeit zu seinen Engelfreunden hinunter. Er betrachtet einen nach dem anderen. Henry fühlt sich geborgen in ihrer Gesellschaft, denn er weiß, dass er jedem Einzelnen vertrauen kann. Genauso wie jeder Einzelne ihm vertrauen kann. Das zu wissen ist ein unglaublich großartiges Gefühl.

„Es ist ein großes Geschenk, Menschen zu haben, denen du vertrauen kannst. In einer vertrauten Umgebung fühlst du dich gut aufgehoben, umsorgt und geborgen.

Ein weiteres Geschenk, das du bekommen kannst, ist das Vertrauen eines anderen Menschen in dich. Dieses stärkt dich und unterstützt dich auf deinem Weg.

Leider kann es auch vorkommen, dass man sein Vertrauen verliert. Durch Menschen, die das ihnen geschenkte Vertrauen missbrauchen oder die dir ihr Vertrauen nur vorspielen. Beides sind sehr schlimme Erfahrungen. Dennoch sollte man versuchen, Vertrauen wieder aufzubauen, denn ohne Vertrauen sähe das Leben ganz schön traurig aus. Das Gute daran ist, dass

Vertrauen auch wachsen kann. Dies braucht natürlich seine Zeit.

Vertrauen tut gut. Es verhindert Einsamkeit und ist das beste Mittel gegen Angst. Zwischen Menschen, die einander vertrauen, entstehen wunderbare Freundschaften, die oft ein ganzes Leben dauern und für unendlich viele großartige Momente sorgen können.

Neben dem Vertrauen in die Menschen – deine Familie, deine Freunde - ist das Vertrauen in dich selbst eine wichtige Stütze im Leben. Nur wenn du dir selbst vertraust, kannst du Vertrauen in andere entwickeln. Dieses Selbstvertrauen stärkt dich und sorgt für ein gesundes Selbstbewusstsein. Auch dem Leben an sich zu vertrauen ist wichtig und hilft dir, für die Zukunft positiv zu denken und an das Gute zu glauben. Versuche es und traue dich zu vertrauen!"

Gestärkt vom Vertrauen seiner Engelfreunde, gekräftigt durch sein Selbstvertrauen und getragen vom Urvertrauen macht sich der kleine Engel Henry wieder auf den Weg zu den Menschenkindern. Er will ihnen helfen, Vertrauen aufzubauen, es zu festigen und es weiterzugeben.

Der kleine Engel Pepe und das Verzeihen

„Wahre Stärke liegt im Verzeihen."
[Roswitha Bloch, dt. Lyrikerin, *1957]

Der kleine Engel Pepe sitzt auf seiner Wolke und blickt in den Sternenhimmel. Während er das Funkeln der Sterne betrachtet, denkt er an seine Engelfreunde, daran, wie gut sie sich verstehen. Er wünscht sich, dass sich auch die Menschen untereinander besser verstehen. Damit das gelingt, müssten sie lernen, einander zu verzeihen. Dabei will ihnen der kleine Engel helfen.

„Wenn du jemandem verzeihst, ist das immer eine große Geste, auch wenn es sich um Kleinigkeiten handelt. Jemandem zu verzeihen heißt, ihm eine Aussage oder Handlung nachzusehen. Ihm zuzugestehen, dass ihm bewusst geworden ist, einen Fehler gemacht zu haben, und dass er sich dafür entschuldigen möchte.

Nach dem Verzeihen folgt die Versöhnung. Du weißt bestimmt, wie es sich anfühlt, wenn du dich nach einem Streit mit deiner Freundin wieder versöhnst. Ihr spürt die Erleichterung und die Freude über eure Versöhnung. All die schönen Gefühle eurer Freundschaft und Verbundenheit kommen zurück. Eine Umarmung nach einem Streit öffnet euer Herz. Meist folgt darauf auch die Einsicht, wie unnötig der vorangegangene Streit war und wie schön es ohne Konflikte ist.

Es zahlt sich nicht aus, Ärger, Wut und Groll über lange Zeit mit sich zu tragen, anstatt sich auszusöhnen. Das kostet viel Kraft, macht schlechte Laune, verhindert Freude und Mitgefühl und kann zu guter Letzt auch krank machen. Viel hilfreicher und heilender ist es, wenn ihr diesen Ärger ziehen lasst und verzeiht, denn dann können alte Wunden heilen.

Mit dem Verzeihen kommt die Vergebung. Wenn du anderen Menschen vergibst, befreit das auch dich selbst. Die bösen Gedanken verschwinden und die negativen Gefühle vergehen. Dafür lässt du Leichtigkeit in dein Leben, die das Leben lebenswerter macht. Also gib dir einen Ruck und beginne zu verzeihen. Jeden Tag ein bisschen mehr! Du wirst sehen, es lohnt sich!"

Immer wenn ein Mensch einem anderen verzeiht, zaubert er damit dem kleinen Engel Pepe ein Lächeln in sein Gesicht. Leider hat der kleine Engel aber sehr wenig zu lachen. Könnte er mit einem zarten Flügelschlag die Menschen dazu bringen zu verzeihen und ihren Groll zu vergessen, wäre mehr Harmonie auf der Welt und mehr Lächeln in seinem Gesicht.

Der kleine Engel Matti und der Wissensdurst

„Wissen ist ein Schatz, den man nicht verliert."
[Aus China]

Matti hätte sich kein besseres Thema aussuchen können als Wissensdurst. Schon seit einiger Zeit wird er von seinen Engelfreunden nur mehr Professor genannt. Denn der kleine Engel liest und lernt alles, was ihm in die Hände fällt. Er liebt es zu lernen und darauf ist er stolz. Zum Glück ist er jung und hat noch sehr viel Zeit, um seinen immensen Wissensdurst zu stillen.

„Ich finde es einfach großartig zu lernen. Ich finde es aufregend, spannend und unterhaltsam. Gleichzeitig bin ich sehr stolz auf mein Wissen, das ich auch gerne teile. Ich werde von meinen Engelfreunden geschätzt, ernst genommen und oft sogar bewundert. Das macht mich glücklich. Darum möchte ich dieses gute Gefühl auch den Menschenkindern weitergeben.

Wissensdurst und Bildung sind ganz wichtig. Noch dazu hält Lernen dich ein Leben lang fit im Kopf. Daher ist eines meiner wichtigsten Ziele, den Wissensdurst der Kinder zu fördern. Ihr sollt lernen nachzudenken und euch eine eigene Meinung zu bilden. Denn das verhindert, Dinge nachplappern zu müssen, die oftmals gar nicht wahr sind. Wissen und Bildung können euch davor schützen.

„Warum ist der Himmel blau?", „Woher kommt Schokolade?", „Wie entsteht ein Regenbogen?", „Was sind die Osterinseln?", „Warum können Fische unter Wasser atmen?" - das sind spannende Fragen. Wie spannend sind dann erst die Antworten!

Ich wünsche mir daher, dass ihr erkennt, dass Lernen das ganze Leben lang interessant, packend und aufregend sein kann. Probiert es aus und taucht ein in die Welt des Wissens. Ihr werdet begeistert sein, wie faszinierend und vielfältig sie ist.

Ob Pflanzen und Tiere, ob Kulturen und Länder, ob Menschen und ihre Geschichte, es gibt so vieles zu entdecken und zu erfahren. Ob in der Natur, in Büchern, in Museen oder aus Erzählungen. Geht auf Entdeckungsreise und sucht euch kluge Begleiter, die euch helfen, euren Wissensdurst zu stillen."

Der kleine Engel Matti ist fest davon überzeugt, dass Wissen cool ist und Spaß macht. Dinge zu verstehen, Talente zu nutzen und immer wieder Neues zu lernen kann das Leben nicht nur erleichtern, sondern macht es interessanter und abwechslungsreich.

Die Autorin

IRINA WEINGARTNER, geboren 1981 in Amstetten, studierte Theater-, Film- und Medienwissenschaft in Wien und lebt seit 2007 in Baden. Seit 2017 ist sie als freie Autorin und Journalistin tätig.
Ein verantwortungsvoller Umgang mit der Natur sowie ein respektvolles Miteinander bilden für sie die Grundvoraussetzungen für ein selbstbestimmtes Leben. Seit 2011 schreibt sie für die beiden Magazine wein.pur & Genuss.Magazin. 2017 erschienen die modernen Umweltmärchen „Der kleine Stern Marlou und seine Freunde" und 2018 „Es ist Zeit für ... - 20 inspirierende Herzensbotschaften".

Die Illustratorin

SANDRA SIEBERT, geboren im August 1969 in Wr. Neustadt. Gelernte Einzelhandelskauffrau mit kreativer Veranlagung, zeichnet seit ihrer Schulzeit und hat es auch nie aufgegeben. Sie liebt Katzen, Comic & Cartoons, fertigt bunte Filz-Geschöpfe und hat 2014 erste eigene Texte illustriert. Veröffentlichungen: Von Katzenmüttern und Katzenkindern – „Morgenstund hat Gold im Mund" & „Ein neuer Duft liegt in der Luft" in mein HAUSTIER Ausgabe 6/2014 & 1/2015; Ausstellungen: Kunstadvent Baden 2015-2017 Eine große Herausforderung waren die Illustrationen zu den Kurzgeschichten von *Irina Weingartner*: Buch & Malbuch - "Der kleine Stern Marlou und seine Freunde" 2017 – Karina Verlag, Wien.

Weiters von Irina Weingartner im Karina-Verlag erschienen:

Es ist Zeit für ... 20 inspirierende Herzensbotschaften
ISBN: 978-396443-119-6

Der kleine Stern Marlou und seine Freunde
ISBN: 978-396111-391-0